LA PRÉHISTOIRE

Conception
Émilie BEAUMONT

Texte
Christine SAGNIER

Dessins
Jean-Noël ROCHUT
Jacques DAYAN

FLEURUS

FLEURUS ÉDITIONS, 15-27, rue Moussorgski, 75018 PARIS
www.fleuruseditions.com

UNE HISTOIRE DE 7 MILLIONS D'ANNÉES

La Préhistoire désigne l'histoire de l'Homme depuis son apparition sur la Terre jusqu'à l'invention de l'écriture. Cette période représente 99,9 % de notre histoire. Que sont alors nos 2 000 ans depuis l'ère chrétienne comparés aux 7 millions d'années durant lesquelles les hommes préhistoriques ont inventé l'outil, maîtrisé le feu, conquis le monde à pied... Débutée au 19ᵉ siècle, l'étude de cette longue période présente encore beaucoup de mystères malgré les importantes découvertes et les progrès scientifiques.

En 1871, le naturaliste anglais Charles Darwin fait scandale en prétendant que l'homme descend du singe.

Au 19ᵉ siècle, fossiles et silex commencent à être dessiné et étudiés, comme ce crâne d'animal dessiné en 1849. L'archéologie et la paléontologie apparaissent.

Qu'est-ce que la Préhistoire ?

La Préhistoire couvre une gigantesque période divisée en plusieurs sous-périodes au cours desquelles le temps se compte en millions d'années. Elle va de l'apparition de nos tout premiers ancêtres, il y a 7 millions d'années environ, jusqu'à l'invention de l'écriture vers 3000 av. J.-C., voire 5000 selon certains.

Des fossiles qui font s'interroger...

Dès l'Antiquité, la découverte de fossiles fascine les hommes et les embarrassent. D'où proviennent-ils ? Quelles sont ces traces de vie ? Au 18ᵉ siècle, des chercheurs s'interrogent : l'homme a-t-il toujours été homme ? Au 19ᵉ siècle, l'étude des fossiles et squelettes retrouvés çà et là passionne. Pour la première fois, un scientifique anglais, Charles Darwin, soutient l'idée que l'homme et le singe sont parents et qu'ils ont une origine commune. C'est le début d'une véritable science, une course aux découvertes s'engage.

Il y a 7 000 000 d'années

TOUMAI, découvert en 2001. Âgé de 7 millions d'années, il serait notre plus vieil ancêtre connu.

Il y a 6 000 000 d'années

ORRORIN, un hominidé découvert en Éthiopie et vieux de 6 millions d'années.

Il y a 4 500 000 ans

AUSTRALOPITHÈQUES *Apparus il y a environ 4 millions d'années, ils sont longtemps considérés comme les premiers hommes.*

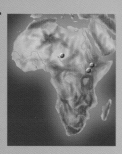

Lucy, 3,2 millions d'années.

Il y a 2 500 000 ans

HOMO HABILIS *L'homme habile naît il y a 2,4 millions d'années environ. Il serait le premier à se servir d'« outils ».*

Il y a 2 000 000 d'années

SÉPULTURES de SABLONNIÈRE (Aisne)
SILEX: POINTES de FLÈCHE [Grandeur naturelle]

Sur les traces de nos ancêtres

Pour reconstituer l'histoire de nos origines, les scientifiques se fondent sur l'archéologie : l'étude des vestiges, c'est-à-dire des fossiles, os, dents, outils, bijoux... On cherche aussi à connaître le contexte de chaque découverte : climat, faune, flore... Il s'agit de chercher non pas seulement à quoi ressemblaient ces hommes qui nous ont précédés, mais leur mode de vie, leur habitat, leur savoir-faire... L'archéologie tente de répondre à ces questions en faisant appel à des spécialistes. Le géologue explore les différentes couches du terrain, le paléontologue étudie les fossiles, l'archéozoologue se spécialise dans les restes d'animaux, le palynologue se penche sur les grains de pollen pour reconstituer la végétation et en déduire le climat...

La course à l'os et au silex

u 19e siècle, les découvertes d'ossements multiplient sans que l'on puisse déterminer leur origine, faute de connaissances. En 1847, le Français Boucher de Perthes, collectionneur de silex, soutient que ces objets sont des outils de pierre taillés par des hommes vivant à l'époque de grands mammifères disparus comme le mammouth. Il est le premier à diviser la Préhistoire en deux temps : le paléolithique, ou culture de la pierre taillée, et le néolithique, ou culture de la pierre polie.

Les fouilles nécessitent un soin méthodique afin de dégager les traces les plus microscopiques. Des analyses sont ensuite poursuivies en laboratoire pour dater et étudier les différentes découvertes.

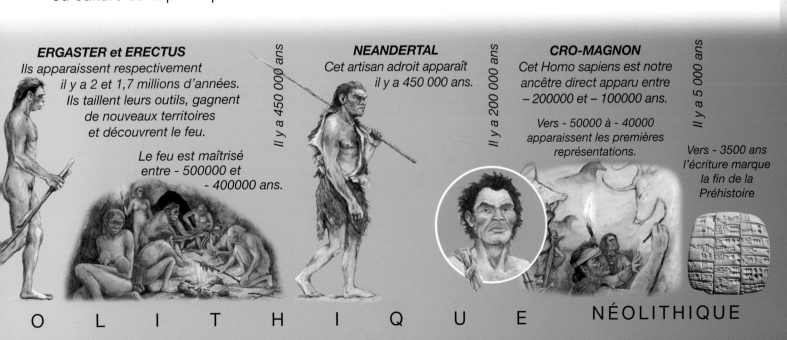

ERGASTER et ERECTUS
Ils apparaissent respectivement il y a 2 et 1,7 millions d'années. Ils taillent leurs outils, gagnent de nouveaux territoires et découvrent le feu.

Le feu est maîtrisé entre - 500000 et - 400000 ans.

Il y a 450 000 ans

NEANDERTAL
Cet artisan adroit apparaît il y a 450 000 ans.

Il y a 200 000 ans

CRO-MAGNON
Cet Homo sapiens est notre ancêtre direct apparu entre – 200000 et – 100000 ans.

Vers - 50000 à - 40000 apparaissent les premières représentations.

Il y a 5 000 ans

Vers - 3500 ans l'écriture marque la fin de la Préhistoire

O L I T H I Q U E NÉOLITHIQUE

SUR LES TRACES DES HOMINIDÉS

Il n'est pas aisé de déterminer les toutes premières origines de l'homme. Chaque nouvelle découverte apporte son lot de surprises, chaque nouvel ossement s'avère plus ancien que le précédent et remet en cause les hypothèses de la veille. Ainsi, longtemps considérés comme les plus lointains ancêtres de l'homme, les Australopithèques, vieux de plus de 4 millions d'années, sont désormais détrônés par Toumaï et Orrorin, âgés respectivement de 7 et 6 millions d'années.

Toumaï marchait-il debout ?

Les restes de Toumaï, nom qui signifie « espoir de vie », ont été retrouvés en Afrique, au nord du Tchad, en juillet 2001. Cet hominidé serait vraisemblablement notre plus vieil ancêtre connu à ce jour. Il vivait il y a 7 millions d'années dans un environnement boisé à proximité d'un lac ou d'une rivière. L'étude de la base de son crâne laisse penser qu'il pouvait marcher debout.

Le crâne de Toumaï, certainement le plus vieil ancêtre de l'homme connu aujourd'hui, a été retrouvé entouré de plusieurs mâchoires et des dents isolées.

Quelle famille !

Comme le chimpanzé, le bonobo et le gorille, l'homme appartient à la famille des hominidés. Entre – 8 et – 9 millions d'années, cette grande famille se serait séparée en trois (gorilles, chimpanzés, humains). Toumaï et Orrorin se situeraient sur la branche humaine. Bien que beaucoup plus âgés que les Australopithèques, ils présentent tous deux des caractères plus humains que leurs cousins.

La forme du fémur, l'articulation de la hanche ou du genou sont des indices pour déterminer la bipédie, mais l'étude du crâne participe aussi à cette enquête : la position du trou occipital (en communication avec la colonne vertébrale) permet de savoir si l'on a affaire à un bipède ou à un quadrupède.

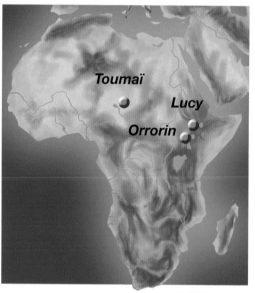

Toumaï

Lucy

Orrorin

Crâne de bipède

Crâne de quadrupède

Orrorin, un grimpeur et un marcheur

Découvert au Kenya en 2000, Orrorin (– 6 millions d'années) fut considéré comme le plus vieil ancêtre de l'homme avant l'exhumation de Toumaï. Quelques dents, un fémur, des phalanges... ont permis de déduire qu'Orrorin marchait sur ses deux pieds tout en s'accrochant aux arbres à l'occasion.

Encore une découverte !

En 2005, de nouveaux ossements sont découverts en Éthiopie datés entre – 3,8 et – 4 millions d'années. Leur étude permet de placer ces derniers fossiles parmi les hominidés et démontrent que celui à qui ils appartenaient se déplaçait aussi exclusivement sur ses deux pieds.

Marcher debout

Au siècle dernier, on croyait que l'homme se différenciait de l'animal par la marche debout. Les scientifiques ont pensé qu'un bouleversement géologique et climatique survenu à l'est de l'Afrique, il y a 8 millions d'années, avait divisé les grands singes : à l'ouest, ils auraient continué à vivre dans les arbres et, à l'est, ils se seraient adaptés à la vie dans la savane en se redressant. Mais cette théorie fut anéantie entre autres par la découverte de Toumaï, vivant à l'ouest.

Une théorie révolutionnaire

Tous les hominidés, hommes et singes, sont bipèdes. Certains chercheurs pensent que nos ancêtres ont peu à peu choisi de marcher exclusivement debout. D'autres scientifiques avancent que nous n'aurions peut-être jamais marché à quatre pattes et qu'un primate dressé (notre ancêtre) aurait existé il y a 15 millions d'années.

Ces empreintes de pas d'hominidé découvertes en Tanzanie sont les plus anciennes retrouvées. Elles ont 3,5 millions d'années.

Nos cousins les Australopithèques

Contrairement à ce que l'on a pu croire, les Australopithèques ne sont pas nos ancêtres directs. Ils apparaissent il y a environ 4 millions d'années et ne constituent pas une lignée unique, mais présentent plusieurs espèces. Haut d'environ 1,20 m, l'Australopithèque vit en groupe dans la savane. Il chasse du petit gibier, récolte sans doute larves et termites, cueille des fruits, des racines ou des noix... La nuit, il s'installe dans les arbres pour dormir à l'abri des carnivores.

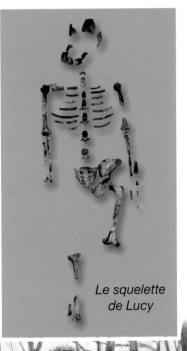

Le squelette de Lucy

En 1974, un fossile d'Australopithèque vieux de 3,2 millions d'années est mis au jour en Éthiopie. Avec 52 morceaux d'os, c'est le premier fossile aussi complet. Cette petite femelle de 1,06 m est dénommée Lucy, en référence à la chanson des Beatles Lucy in the Sky with Diamonds *que les chercheurs écoutaient lors de leur découverte.*

Le Paranthrope

Classé autrefois parmi les Australopithèques, le Paranthrope a une grosse tête et d'énormes dents qui lui valent le surnom de casse-noix. Cet herbivore, âgé de plus de 2 millions d'années est plus habile que l'Australopithèque pour utiliser des outils sommaires comme des bâtons afin de creuser le sol ou des pierres pour fendre des noix. Vers 1,2 million d'années, il s'éteint sans descendance.

9

L'HOMO HABILIS, LE PREMIER ARTISAN ?

Il y a 2,5 millions d'années, un changement climatique survient. À l'est de l'Afrique, la savane devient plus sèche et les arbres se font moins nombreux. C'est à cette époque que celui que l'on considère comme le premier homme fait son apparition, il n'est pas tellement plus grand que son petit cousin l'Australopithèque, mais son cerveau est plus gros et il est beaucoup plus habile à fabriquer des outils, d'où son nom : *Homo habilis*, « homme habile ».

Une tête bien pleine

Haut de 1,15 à 1,30 m, l'*Homo habilis* (2) n'est guère plus grand que l'Australopithèque (1). Son crâne est plus gros et sa face est plus allongée. Quant à son cerveau, il est beaucoup plus gros, même s'il ne représente que la moitié de celui d'un homme actuel (3). D'ailleurs, le développement de certaines parties du cerveau, notamment où sont élaborés les mots, laisse penser qu'il communique déjà avec un langage articulé probablement rudimentaire.

Entre l'Australopithèque (1) et l'homme moderne (3), le cerveau a plus que triplé de volume. Cette évolution s'est faite parallèlement à l'augmentation de la taille des espèces. On sait aujourd'hui que la taille du cerveau n'est pas directement liée à l'intelligence.

Vive la cohabitation !

Nos différents ancêtres ne se succèdent pas, ils se côtoient plus ou moins longtemps et certaines lignées s'éteignent sans qu'on comprenne pourquoi. C'est ainsi que lorsque les premiers *Homo habilis* apparaissent dans la savane, il y a près de 2,4 millions d'années, ils cohabitent avec les derniers Australopithèques, mais également avec les Paranthropes.

Galet aménagé

Les tailleurs de pierre

Les Australopithèques et les Paranthropes ont dû tailler la pierre pour l'utiliser plus ou moins comme le prolongement de la main. L'*Homo habilis*, lui, maîtrise la fabrication de ses outils. Il récupère des galets au bord d'une rivière puis les retouche. Il semble également sélectionner des petits éclats de quartz tranchants. Ces outils coupants, appelés tranchoirs, servent sûrement à tailler des branches, couper la peau des animaux, casser des os pour en extraire la moelle.

Armé de deux galets, l'Homo habilis emploie l'un comme marteau pour frapper le second et lui donner un côté coupant. Il obtient un galet « aménagé ».

Un menu varié

Contrairement au Paranthrope, qui vit à la même période, l'*Homo habilis* opte pour une nourriture variée. Comme l'Australopithèque, il est omnivore : il mange des baies, des racines, des champignons, des œufs, du poisson et davantage de viande. La viande et la moelle lui fournissent bien plus d'énergie. Quand il ne chasse pas lui-même des petites proies comme des lièvres ou des rats, il profite des cadavres d'animaux abandonnés par les grands fauves. Mais gare aux charognards comme les hyènes et les chacals qui lui disputent ces carcasses.

Les premiers campements

Installé dans la savane arborée, en bordure de marécages, l'*Homo habilis* vit en petits groupes dans des campements rudimentaires faits de huttes circulaires en branchages ou bien s'abrite derrière des pare-vent de branches ou encore trouve refuge dans les arbres.
Les conditions de vie étant rudes, hommes et femmes devaient participer aux différentes tâches, qu'il s'agisse de dépecer les animaux morts, de les transporter ou de fabriquer des outils.

*L'*Homo habilis *chasse rarement de grosses proies hormis si celles-ci sont affaiblies par l'âge ou la maladie ; elles deviennent alors plus faciles à abattre. À l'aide de ses outils, il déchire ensuite la peau, coupe la viande et fend les os pour récupérer la moelle.*

Et l'*Homo rudolfensis* ?

Le premier fossile d'*Homo habilis* est exhumé en 1959, en Tanzanie. Les découvertes se succèdent ensuite en Éthiopie, au Kenya, en Afrique du Sud. Mais des différences existent entre les ossements, notamment au niveau de la face, et amènent certains scientifiques à répartir ces premiers hommes en deux espècesdistinctes : *Homo habilis* et *Homo rudolfensis*. En 1990, *Homo rudolfensis* est officiellement reconnu.

À LA CONQUÊTE DU MONDE

Avec *Homo erectus* et ses acolytes, l'évolution continue à pas de géant. Solides marcheurs, les hommes se déplacent au gré des changements climatiques. Ils se nourrissent de noix, de racines, d'insectes, de coquillages et, plus que jamais, de viande. Ils sortent d'Afrique, s'aventurent en Asie, en Europe et atteignent même l'Indonésie. Capables de manger un peu de tout, fabriquant leurs outils et maîtrisant le feu, ils s'adaptent à leur environnement et évoluent selon les régions où ils se trouvent.

Homo ergaster

Avec sa silhouette élancée et haute de 1,70 m, *Homo ergaster* ou « homme travailleur » est le premier à nous ressembler physiquement, même si son cerveau demeure assez petit avec un volume de 900 cm³ contre 1 350 en moyenne aujourd'hui. Il est apparu il y a 2 millions d'années environ et serait selon certains le précurseur d'*Homo erectus*.

Homo erectus

Découvert très tôt, en 1890, il fut appelé *Homo erectus* « homme debout », bien qu'il ne soit pas le premier hominidé à se tenir sur ses pieds. En revanche, c'est le premier dont le cerveau dépasse 1 000 cm³. Apparu il y a 1,7 million d'années, il détient le record de longévité avec pas moins de 1,5 million d'années. Après avoir cohabité avec *Homo habilis* plusieurs centaines de milliers d'années, il va le supplanter et gagner de nombreux territoires.

Tailler sur deux faces

Homo erectus passe maître dans la taille de la pierre. Il utilise entre autres une roche dure et tranchante appelée silex. Tout en continuant à utiliser les galets aménagés, *Homo erectus* fabrique de nouveaux outils taillés sur les deux faces : des bifaces. Ceux-ci servent à tout faire : gratter, couper, trancher, percer...

a. Avec un galet, il frappe un gros bloc de silex pour en détacher des éclats. Il en choisit un dont il taille le pourtour à l'aide d'une pierre appelée percuteur dur.

b. Une fois l'outil dégrossi, une deuxième opération vise à affiner la taille en frappant au moyen d'un percuteur tendre en os, bois ou corne.

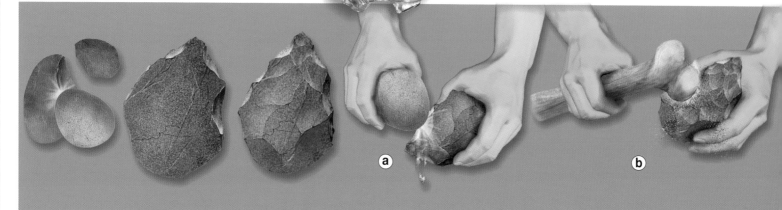

Chasseur et boucher

Excellent marcheur, *Homo erectus* est aussi un bon coureur et probablement un habile chasseur, même s'il pratique encore le charognage. Sans doute chasse-t-il en groupe armé de lances. Il doit aussi tendre des embuscades à ses proies. Mieux outillé, il organise ensuite de véritables séances de boucherie : zèbres, antilopes, éléphants ou hippopotames... sont coupés en morceaux, leur peau est enlevée, les os sont brisés. Une fois débitée, la viande est rapportée au camp où elle est partagée.

Les techniques de chasse évoluent au cours des milliers d'années et selon le type de gibier recherché.

Les premiers explorateurs

Dans l'état actuel des découvertes, l'*Homo georgicus*, découvert en 1999, serait le premier homme à avoir conquis l'Europe. Ancêtre de l'*Homo erectus* et âgé de 1,8 million d'années, c'est probablement en suivant les troupeaux lors de leurs migrations que ce nomade a quitté l'Afrique et colonisé l'Europe en passant par le Moyen-Orient. Il découvre la neige et le froid. Au fil des générations, d'autres hommes vont se diriger plus à l'est, jusqu'en Chine.

L'Homo georgicus aurait peut-être été le premier à quitter l'Afrique.

EUROPE

ASIE

AFRIQUE

Le niveau de la mer ayant beaucoup baissé lors des glaciations, certains atteindront l'île de Java, en Indonésie, les pieds au sec.

LA MAÎTRISE DU FEU

L'une des plus grandes révolutions de la préhistoire, c'est la conquête du feu. Une fois sa peur dominée, l'homme va s'éclairer, se chauffer, cuire ses aliments, se protéger des animaux féroces, améliorer ses outils, s'aventurer au plus profond des cavernes... et peut-être même communiquer au coin du feu. En effet, en rassemblant les hommes autour de lui, le feu favorise les échanges entre les membres du groupe et resserre les liens. Ainsi, bien plus qu'un simple progrès technique, la domestication du feu marque le début de la vie sociale.

Reproduire le feu

L'homme a sûrement utilisé le feu bien avant de savoir le faire naître. Cette prodigieuse découverte est probablement un hasard : un tailleur de pierre cogne un silex contre un minerai de fer. Les étincelles qui jaillissent embrasent des herbes. Ou bien encore, en frottant deux morceaux de bois l'un contre l'autre l'homme produit un petit tas de sciure échauffée qui joue le rôle de braises. Ainsi serait donc né le premier briquet !

Apprivoiser le feu

Le feu est d'abord un élément effrayant. Les hommes redoutent la foudre qui s'abat sur l'arbre et le réduit en cendres ; ils craignent la lave des volcans et les feux de savane à la saison sèche. Un jour, un homme, sans doute plus curieux et plus téméraire que les autres, a dû profiter d'un incendie naturel pour capturer une flamme au bout d'un bâton ou goûter un morceau de viande grillée. L'événement s'est reproduit et les hommes ont appris à apprivoiser la précieuse flamme en l'alimentant avec des herbes sèches et des brindilles pour ne pas qu'elle s'éteigne.

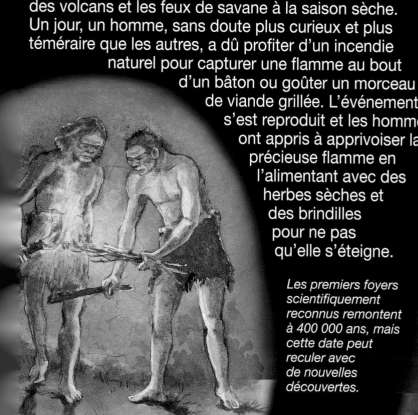

Les premiers foyers scientifiquement reconnus remontent à 400 000 ans, mais cette date peut reculer avec de nouvelles découvertes.

Le feu pour se protéger

Auprès d'un feu, l'homme peut dormir sans craindre l'apparition d'un fauve. Armé d'un bâton enflammé, il peut aussi se défendre des bêtes et même les effrayer en brandissant sa torche pour les acculer vers des pièges.

Le feu pour s'éclairer

Le feu illumine la nuit et prolonge le jour. Le soir venu, les hommes se rassemblent probablement autour du foyer. Peut-être est-ce l'occasion de perfectionner le langage ? La lumière des flammes permet de s'enfoncer dans les cavernes : équipés de torches en bois de pin ou de lampes remplies de graisse animale, les hommes vont pouvoir dessiner sur les parois des grottes (pp. 22-23).

Le feu pour se chauffer

Le feu, source de chaleur, fait reculer le froid. Grâce à lui, l'homme peut s'aventurer dans des régions glacées (pp. 12-13) et avancer toujours plus au nord (pp. 18-19).

Le feu pour rendre les outils plus solides

Le feu sert à perfectionner les outils. La chaleur permet d'affiner la taille des silex (pp. 20-21), de durcir la pointe des épieux en bois, de redresser le bois de renne utilisé pour la confection de nombreux outils.

Le feu pour cuire

L'homme découvre probablement la cuisson par hasard, alléché par l'odeur de la viande cuite d'une bête victime d'un incendie. Avec le temps, le mode de cuisson varie : rôtie, grillée ou même bouillie en jetant des galets bouillants dans des récipients en peaux de bêtes, la viande peut aussi être séchée et fumée pour être conservée. Grâce à la cuisson, la viande est plus facile à mastiquer, elle est plus digeste, il y a aussi moins de parasites. Mieux nourris, les hommes sont en meilleure santé.

L'HOMME DE NEANDERTAL

C'est avec l'homme de Neandertal qu'est née la paléontologie moderne. Après la découverte en 1856 d'un fossile à Neandertal, en Allemagne, le premier individu complet est mis au jour en 1908. Avec sa grosse tête et son petit corps trapu, Neandertal a longtemps été considéré comme une brute épaisse, mais les études et découvertes archéologiques prouvent le contraire. Apparu il y a environ 450 000 ans, cet artisan adroit fabrique de nouvelles armes, enterre ses morts et serait même musicien...

Un corps taillé pour le froid

Mesurant environ 1,65 m et pesant jusqu'à 90 kg, Neandertal possède un physique robuste, adapté au froid intense qui règne durant une partie de son existence. Des arcades sourcilières proéminentes protègent ses yeux tandis que son nez épaté permet de réchauffer l'air glacial qu'il inspire. Sa musculature d'athlète le rend apte à la chasse qu'il pratique alors à la lance et au javelot.

Ses armes

Neandertal ne taille pas la pierre au hasard mais décide à l'avance la forme des outils qu'il fabrique. Les outils obtenus – grattoirs, racloirs, couteaux – sont minces et tranchants. Des lames en pierre sont fixées sur des manches en bois à l'aide d'un lien végétal. Habile artisan, Neandertal réalise ainsi de véritables javelots parfaitement adaptés à la chasse.

Grattoir mince et coupant.

Chasse au gros gibier

Rennes, chevaux, mammouths, rhinocéros laineux, bisons... le gibier prolifère sur les immenses plaines glacées d'Europe. Neandertal est un gros mangeur de viande. C'est armé de lances qu'il s'attaque aux animaux, même les plus gros. Il utilise aussi probablement le feu pour les effrayer et les rabattre vers des marais ou des précipices.

Les animaux de l'époque sont souvent bien plus grands que les espèces actuelles. Néanmoins, Neandertal s'y attaque armé de simples lances.

16

Des fleurs pour les morts

Neandertal honore ses morts. Il les enterre dans des fosses qu'il enduit parfois de couleur ocre et garnit de fleurs ou d'ossements d'animaux. Dans une tombe retrouvée à Shanidar, en Irak, on a découvert une grande quantité de pollen, signe que de nombreuses fleurs avaient été déposées.

Dans les sépultures retrouvées, le squelette est généralement placé sur le dos ou sur le côté, comme dans cette fosse de Neandertal découverte en France.

Neandertal un cannibale ?

Certains ossements humains présentent les mêmes traces que ceux des animaux, la chair a été raclée, la langue et le cerveau prélevés et les os à moelle brisés : Neandertal serait-il cannibale ? Comme le gibier abonde autour de lui, ce n'est donc pas pour survivre qu'il mange ses semblables. Peut-être s'agirait-il d'un rituel ? Le mystère demeure.

Le premier musicien

De Neandertal, on ne connaît ni gravures ni peintures, mais la découverte d'une flûte en os d'ours, en Slovénie, fait de lui le plus ancien musicien connu. L'instrument percé de quatre trous serait vieux de plus de 40 000 ans.

Une étrange disparition

Vers – 40 000 ans, une nouvelle espèce d'homme apparue au Proche-Orient arrive en Europe : *Homo sapiens*, appelé Cro-Magnon. Neandertal et Cro-Magnon chassent le même gibier sur les mêmes terres, ils connaissent les mêmes conditions climatiques... Au bout de 10 000 ans, Neandertal disparaît. Cro-Magnon l'aurait-il éliminé ? Les chercheurs pensent plutôt à une extinction naturelle. Durant cette période, l'Europe connaît de violents écarts de températures : la faune et la flore souffrent, la nourriture se raréfie. Neandertal s'éteint vers – 30 000 ans, laissant la place à Cro-Magnon, mieux outillé.

Principaux sites connus occupés par Neandertal

L'HOMME MODERNE

L'homme moderne est apparu vers – 200 000 à – 100 000 ans. On l'appelle Homo sapiens : homme sage. Avec son crâne arrondi, son front haut dépourvu de bourrelets au-dessus des yeux, son menton marqué et ses petites mâchoires, c'est celui qui nous ressemble le plus. C'est aussi lui qui va coloniser le monde. On le retrouve en Asie, en Australie et un peu plus tard en Europe, où il est mieux connu sous le nom de Cro-Magnon. Ce nomade découvre même l'Amérique, bien avant Christophe Colomb.

L'homme moderne vient-il d'Afrique ?

Comment l'Homo sapiens a-t-il conquis le monde ? C'est ce que les scientifiques cherchent à savoir. Selon une première théorie, l'homme moderne apparaît en Afrique où il remplace les hommes plus anciens avant de partir à la conquête du monde.

Une seconde théorie affirme que les populations des différentes régions du monde ont évolué, chacune de leur côté, vers une seule espèce, l'homme moderne. Selon une troisième théorie intermédiaire, les populations quittent régulièrement l'Afrique pour voyager vers l'Asie, vers l'Europe et vice versa.

Les Homo sapiens *vont de campement en campement au fil des saisons. Peut-être transportent-ils leurs biens dans des sortes de baluchons en peau ou encore sur des peaux tendues entre deux bâtons qu'ils traînent derrière eux.*

Homo sapiens, le globe-trotteur

La glace qui emprisonne les océans et fait baisser le niveau des eaux du globe permet aux hommes modernes de coloniser la planète. Ils arrivent au Proche-Orient vers – 100 000 ans où ils côtoient Neandertal, déjà présent. Ils continuent vers l'Asie. Certains vont jusqu'en Sibérie, d'autres gagnent l'Australie. Pour atteindre cette terre vierge il y a 50 000 ans, ils fabriquent des embarcations et franchissent un bras de mer de 80 km. Quant à l'Europe, ce n'est que vers – 40 000 ans que l'homme moderne, le fameux Cro-Magnon, s'y installe.

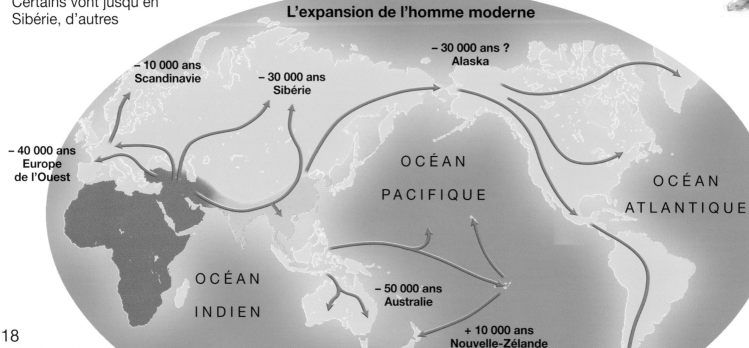

L'expansion de l'homme moderne

– 10 000 ans Scandinavie

– 30 000 ans Sibérie

– 30 000 ans ? Alaska

– 40 000 ans Europe de l'Ouest

OCÉAN PACIFIQUE

OCÉAN ATLANTIQUE

OCÉAN INDIEN

– 50 000 ans Australie

+ 10 000 ans Nouvelle-Zélande

Des tentes tout confort

Selon les régions, Cro-Magnon construit des huttes à l'aide de structures de bois ou de défenses de mammouths tendues de peaux. Il peut aussi installer des cabanes dans des abris naturels creusés au pied de falaises. L'espace intérieur est divisé par des peaux de bêtes tendues. Dans le « coin repos », des branchages sont étalés sur le sol et recouverts de peaux.

Homo sapiens *conquiert le monde. Selon les milieux où il s'installe, des différences physiques commencent à apparaître, comme la couleur de la peau, la taille, les traits du visage...*

Le premier homme moderne européen

C'est Cro-Magnon. Il vit en petits groupes d'environ 25 personnes et mène une vie de nomade, il se déplace au fil des saisons pour suivre le gibier. Mais il n'est pas facile d'aller à pied en portant des tout-petits. Il semble donc que les familles n'ont pas beaucoup d'enfants, nombreux d'ailleurs meurent en bas âge.

La découverte de l'Amérique

La date du peuplement de l'Amérique est encore discutée, mais elle remonte au moins à 12 000 ans : à cette période, des hommes venus de Sibérie ont pu braver les vents glacials du détroit de Béring, alors à sec, pour gagner l'Alaska et rejoindre le centre de l'Amérique du Nord. Peut-être ont-ils plutôt longé la côte en bateau, mais cette hypothèse n'est pas vérifiée. Des découvertes laissent penser que les hommes seraient arrivés en plusieurs vagues et que les tout premiers seraient peut-être venus d'Asie il y a 30 000 ans ou 40 000 ans...

Un beau parleur

Les premiers hommes modernes possèdent sans doute un langage élaboré. Sans un moyen de communication suffisamment perfectionné, ils n'auraient pas pu organiser leurs périlleuses traversées maritimes, ni même développer les mystérieuses croyances qui les incitent à dessiner sur les parois des grottes (voir p. 22).

19

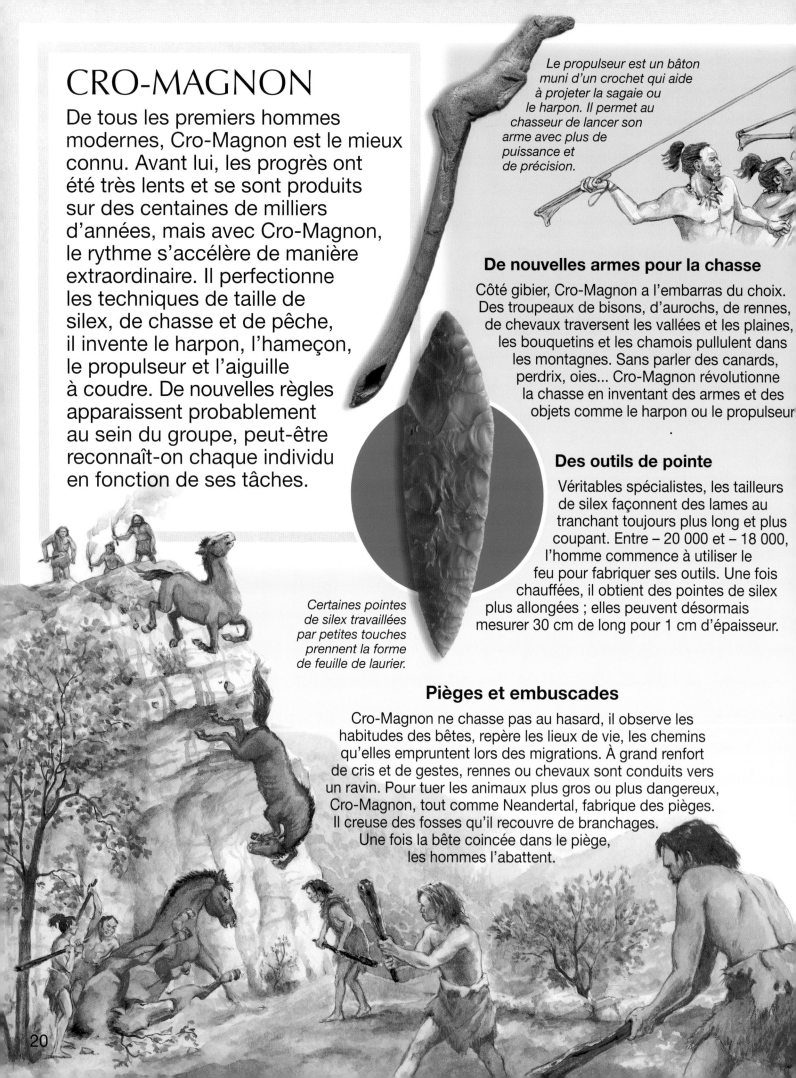

CRO-MAGNON

De tous les premiers hommes modernes, Cro-Magnon est le mieux connu. Avant lui, les progrès ont été très lents et se sont produits sur des centaines de milliers d'années, mais avec Cro-Magnon, le rythme s'accélère de manière extraordinaire. Il perfectionne les techniques de taille de silex, de chasse et de pêche, il invente le harpon, l'hameçon, le propulseur et l'aiguille à coudre. De nouvelles règles apparaissent probablement au sein du groupe, peut-être reconnaît-on chaque individu en fonction de ses tâches.

Le propulseur est un bâton muni d'un crochet qui aide à projeter la sagaie ou le harpon. Il permet au chasseur de lancer son arme avec plus de puissance et de précision.

Certaines pointes de silex travaillées par petites touches prennent la forme de feuille de laurier.

De nouvelles armes pour la chasse

Côté gibier, Cro-Magnon a l'embarras du choix. Des troupeaux de bisons, d'aurochs, de rennes, de chevaux traversent les vallées et les plaines, les bouquetins et les chamois pullulent dans les montagnes. Sans parler des canards, perdrix, oies... Cro-Magnon révolutionne la chasse en inventant des armes et des objets comme le harpon ou le propulseur.

Des outils de pointe

Véritables spécialistes, les tailleurs de silex façonnent des lames au tranchant toujours plus long et plus coupant. Entre – 20 000 et – 18 000, l'homme commence à utiliser le feu pour fabriquer ses outils. Une fois chauffées, il obtient des pointes de silex plus allongées ; elles peuvent désormais mesurer 30 cm de long pour 1 cm d'épaisseur.

Pièges et embuscades

Cro-Magnon ne chasse pas au hasard, il observe les habitudes des bêtes, repère les lieux de vie, les chemins qu'elles empruntent lors des migrations. À grand renfort de cris et de gestes, rennes ou chevaux sont conduits vers un ravin. Pour tuer les animaux plus gros ou plus dangereux, Cro-Magnon, tout comme Neandertal, fabrique des pièges. Il creuse des fosses qu'il recouvre de branchages. Une fois la bête coincée dans le piège, les hommes l'abattent.

Poissons et coquillages

La cueillette des fruits, des champignons et des racines apporte la majeure partie de la nourriture. Mais en bord de mer ou de rivière, Cro-Magnon consomme aussi de grosses quantités de coquillages et de poissons. À certaines périodes de l'année, les saumons abondent dans les rivières. Il les attrape avec des harpons, des hameçons en os ou des paniers en roseau faisant office de pièges.

Le travail de l'os

Avec Cro-Magnon, les os des animaux morts sont utilisés pour fabriquer des pointes de sagaie, des propulseurs, des harpons, des parures et des aiguilles pour coudre des vêtements... Les bois des cerfs et des rennes sont très appréciés pour leur souplesse : on débite de longues baguettes qui sont ensuite redressées à la chaleur du feu, puis découpées à la longueur souhaitée.

Parures

Les animaux sont de précieuses réserves de matières premières. Avec l'os et l'ivoire, on crée des outils, avec les tendons, on fabrique des liens et avec les viscères, on fabrique des récipients. La graisse est brûlée dans des lampes pour s'éclairer. Les peaux font des couvertures, des vêtements, des bottes ou des tentes. On perce les dents ou les coquillages pour faire des parures ou des coiffes...

Premiers vêtements cousus

Pour mieux affronter le froid, les hommes fabriquent de véritables vêtements. Les peaux de bêtes sont découpées, séchées puis tannées. Elles sont ensuite cousues avec les premières aiguilles et des tendons ou des poils d'animaux. Les aiguilles sont taillées dans de l'os ou une ramure de renne.

Les aiguilles percées d'un trou permettent de coudre les peaux et de faire de vrais vêtements. Les premières aiguilles ont été inventées vers – 17 000 ans.

UN ARTISTE EST NÉ

Vers – 40000 ou – 50000, l'homme crée les premières images, et probablement au même moment sur les 5 continents ! Il peint sur les parois rocheuses, sculpte et grave l'os, l'ivoire et la pierre, modèle l'argile... Sans doute travaille-t-il aussi sur des matériaux périssables comme la peau et le bois. Ces réalisations sont de véritables chefs-d'œuvre. Les plus célèbres sont les peintures des grottes de Chauvet (– 30000) et de Lascaux (– 15000), en France, ou encore Altamira (– 15000), en Espagne. Cependant, il existe de nombreux sites dans le monde et d'autres à découvrir.

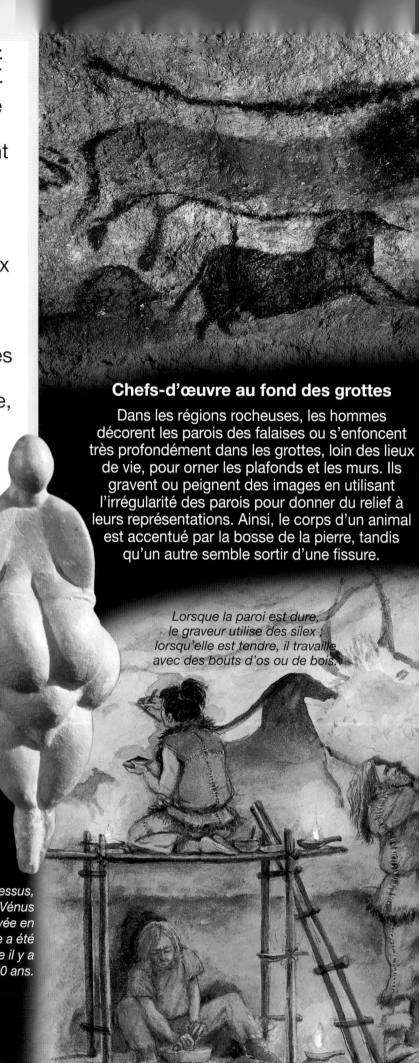

Chefs-d'œuvre au fond des grottes

Dans les régions rocheuses, les hommes décorent les parois des falaises ou s'enfoncent très profondément dans les grottes, loin des lieux de vie, pour orner les plafonds et les murs. Ils gravent ou peignent des images en utilisant l'irrégularité des parois pour donner du relief à leurs représentations. Ainsi, le corps d'un animal est accentué par la bosse de la pierre, tandis qu'un autre semble sortir d'une fissure.

Les « Vénus »

Il y a environ 25 000 ans, à travers toute l'Europe et jusqu'en Sibérie, les hommes sculptent les mêmes statuettes de femme dans la pierre ou l'ivoire. Elles ont le visage effacé, des seins et un ventre énormes, des hanches débordantes. On les appelle des Vénus. Peut-être représentent-elles le pouvoir des femmes, capables de donner la vie et d'assurer la continuité du groupe.

Lorsque la paroi est dure, le graveur utilise des silex ; lorsqu'elle est tendre, il travaille avec des bouts d'os ou de bois.

Cette petite tête en ivoire, à la chevelure tressée, vieille de 27 000 ans, est le premier visage connu. On l'appelle la Dame de Brassempouy, du nom du village des Landes, en France, où elle a été découverte.

Ci-dessus, cette Vénus retrouvée en France a été réalisée il y a 23 000 ans.

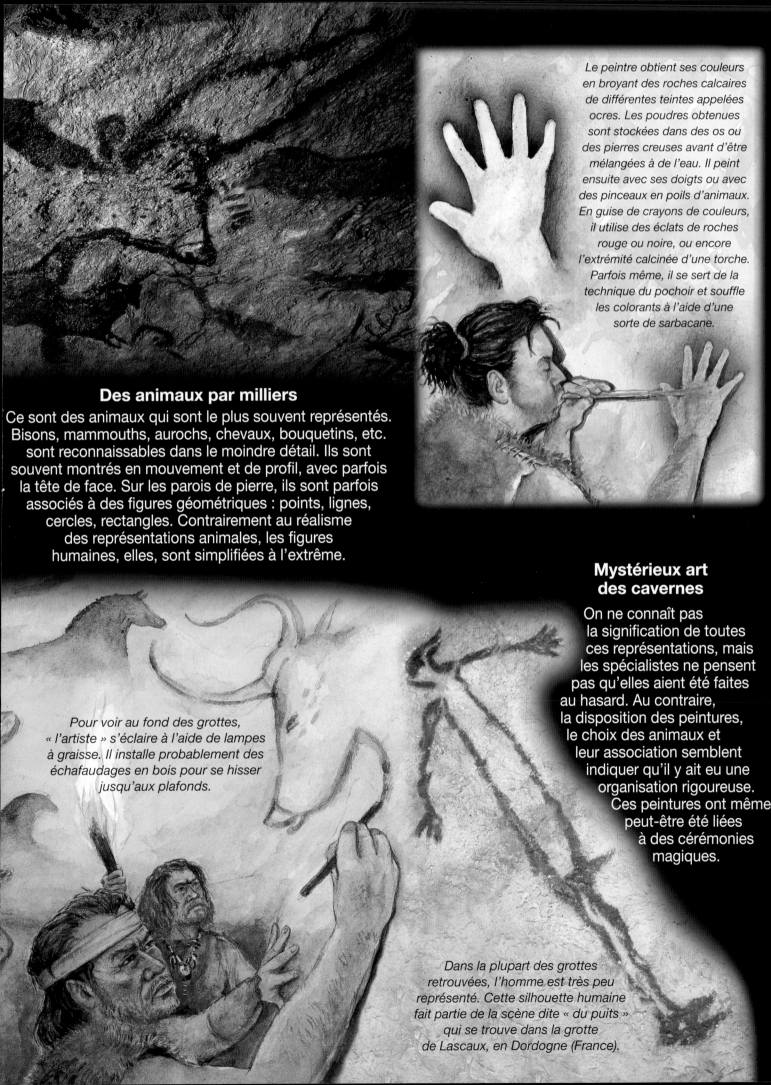

Le peintre obtient ses couleurs en broyant des roches calcaires de différentes teintes appelées ocres. Les poudres obtenues sont stockées dans des os ou des pierres creuses avant d'être mélangées à de l'eau. Il peint ensuite avec ses doigts ou avec des pinceaux en poils d'animaux. En guise de crayons de couleurs, il utilise des éclats de roches rouge ou noire, ou encore l'extrémité calcinée d'une torche. Parfois même, il se sert de la technique du pochoir et souffle les colorants à l'aide d'une sorte de sarbacane.

Des animaux par milliers

Ce sont des animaux qui sont le plus souvent représentés. Bisons, mammouths, aurochs, chevaux, bouquetins, etc. sont reconnaissables dans le moindre détail. Ils sont souvent montrés en mouvement et de profil, avec parfois la tête de face. Sur les parois de pierre, ils sont parfois associés à des figures géométriques : points, lignes, cercles, rectangles. Contrairement au réalisme des représentations animales, les figures humaines, elles, sont simplifiées à l'extrême.

Mystérieux art des cavernes

On ne connaît pas la signification de toutes ces représentations, mais les spécialistes ne pensent pas qu'elles aient été faites au hasard. Au contraire, la disposition des peintures, le choix des animaux et leur association semblent indiquer qu'il y ait eu une organisation rigoureuse. Ces peintures ont même peut-être été liées à des cérémonies magiques.

Pour voir au fond des grottes, « l'artiste » s'éclaire à l'aide de lampes à graisse. Il installe probablement des échafaudages en bois pour se hisser jusqu'aux plafonds.

Dans la plupart des grottes retrouvées, l'homme est très peu représenté. Cette silhouette humaine fait partie de la scène dite « du puits » qui se trouve dans la grotte de Lascaux, en Dordogne (France).

PLACE AUX AGRICULTEURS

Vers – 10000 ans, le climat change. Les températures se réchauffent, les glaciers fondent, la mer monte, la forêt gagne du terrain. Les animaux adaptés au froid, comme le renne, se retirent vers le Nord ou disparaissent. Pour faire face à ce nouveau monde, les hommes modifient leur mode de vie. Habitués depuis des centaines de millénaires à chasser et cueillir des plantes pour se nourrir, ils apprennent désormais à maîtriser la nature : c'est le début de l'agriculture et de l'élevage.

Les derniers nomades

À la jonction du paléolithique et du néolithique, vers – 10000, s'ouvre une période durant laquelle les paysages actuels se mettent en place. C'est le mésolithique. En Europe, les hommes s'adaptent à la forêt, ils cueillent encore de nombreuses plantes et chassent. Peu à peu, ils vont s'installer dans les vallées fertiles et se lancer ensuite dans l'agriculture. Dans le Sahara, en Afrique, ils habitent au bord de grands lacs aujourd'hui disparus.

Devenus agriculteurs, les hommes ont compris la nécessité de conserver et protéger les récoltes. À côté des maisons, ils creusent des trous dans le sol pour y stocker les grains.

Les plus anciennes traces de constructions en argile et en pierre, ont été retrouvées au Proche-Orient. Il s'agissait de maisons rondes et semi-enterrées.

Les premiers villages

Tout commence au Proche-Orient (Jordanie, Irak, Iran, Syrie, Liban, Israël, Palestine...) où s'étend une région de collines irriguée par de grands fleuves. On y trouve à l'état sauvage des céréales et des animaux herbivores faciles à domestiquer. Les hommes de cette région n'ont plus besoin de se déplacer pour trouver leur nourriture. Ils construisent alors les premières maisons en pierre, en argile et en bois entre – 12500 et – 10000.

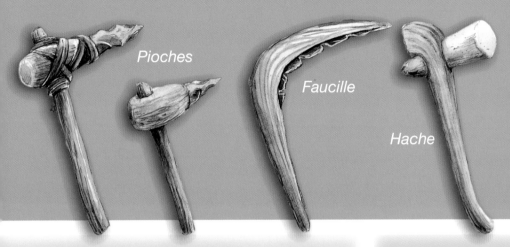

Pour défricher les bois, cultiver la terre et construire les villages, les hommes ont besoin de nombreux outils. Ils exploitent des mines de silex : ils creusent sous la terre pour extraire une roche plus dure qu'en surface. Afin que cette roche soit plus résistante encore, les artisans la polissent et fabriquent ainsi des lames pour leurs haches, leurs couteaux, leurs pioches, leurs faucilles...

Le début de l'agriculture

Les hommes cueillent d'abord des céréales sauvages (blé, orge...). Puis, ils observent probablement que les graines tombées à terre donnent de jeunes pousses. L'augmentation de la population les incite alors sans doute à semer des graines dans les champs à proximité des villages. Les premières plantes cultivées, comme le blé, l'orge, les pois chiches, les fèves, les lentilles, le lin, sont des plantes à croissance rapide.

De la chasse à l'élevage

Au départ, l'essentiel de la viande consommée au village provient de la chasse. Mais les bouches à nourrir augmentent sans cesse. Vers – 9000, les hommes commencent à apprivoiser des herbivores sauvages qui, probablement attirés par les cultures, s'approchent des villages. Les bêtes les plus dociles, dont la taille convient, sont choisies pour se reproduire en captivité.

Des récipients en terre

Les premiers récipients en terre cuite apparaissent vers – 6000. Ils sont modelés à la main à partir d'argile. Faute de four, les poteries sont cuites sous un tas de bois. Utilisés pour conserver des graines, préparer les aliments et les consommer, ils vont remplacer les outres en peau et les vases en bois.

Le chien est le premier animal domestiqué. Viennent ensuite le mouflon et la chèvre sauvage (ancêtres du mouton et de la chèvre), élevés pour leur viande, leur lait, leur peau et bientôt leur laine. Puis c'est au tour du sanglier et de l'auroch (futurs porc et bœuf) et, bien plus tard, de la volaille.

Les céréales sont la base de la nourriture. La farine ne se conservant pas bien, il est nécessaire de moudre les grains chaque jour.

AINSI S'ACHÈVE LA PRÉHISTOIRE

Avec le développement de l'agriculture, de nombreux changements se produisent à partir de – 9000 environ. Les contacts et échanges augmentent tandis que naissent les premières « villes ». Aux côtés des agriculteurs apparaissent des tisserands, potiers, marchands, administrateurs, soldats, prêtres... La société s'organise désormais autour d'un chef. C'est le temps des grandes découvertes comme la métallurgie, la roue, le tour du potier et l'écriture, qui marque pour les historiens la fin de la Préhistoire.

Ce jouet retrouvé en Mésopotamie et comportant des roues date d'il y a 4 500 ans.

Transports et échanges

La création de canaux pour irriguer les champs permet non seulement d'étendre les terrains cultivés mais aussi de développer les échanges p[ar] voies d'eau entre les villages. Toutefois, la grande révolut[ion] en matière de transport est l'invention de la roue dont l'usage, associé à la domestication du cheval, se développe vers 3500 av. J.-C. dans certaines régions du monde.

Des villages aux villes

Les villages changent peu à peu d'aspect. Vers – 6400, celui de Çatal Höyük, dans l'actuelle Turquie, ressemble à une ville sans rues, avec des centaines de maisons serrées les unes contre les autres. On accède aux logements par les toits en terrasse grâce à des échelles. On pense que la cité a pu abriter près de 5 000 habitants.

Les premières roues sont faites de plusieurs pièces de bois.

Çatal Höyük est la plus ancienne cité que l'on ait retrouvée. Toutes les maisons sont identiques et il n'y a pas de quartiers différenci[és].

Les premiers forgerons

Au début, les hommes travaillent certaines roches trouvées à la surface du sol, comme l'or, l'argent et le cuivre. Ils les martellent pour en faire des bijoux et des objets de décoration. Dès – 4500, ils découvrent qu'ils peuvent faire fondre ces métaux et les couler dans des moules pour leur donner des formes. Le métal remplace peu à peu la pierre polie dans la fabrication des armes, des outils et des parures. Puis les hommes réalisent qu'en fondant deux métaux ensemble (alliage), comme le cuivre et l'étain, ils obtiennent un nouveau métal plus résistant.

Érigé entre – 3100 et – 1500, le monument de Stonehenge est le plus grand mégalithe de Grande-Bretagne. On pense qu'il s'agissait peut-être d'un observatoire astronomique. Les pierres proviennent d'une carrière située à 385 km du site. Certaines d'entre elles pèsent 50 tonnes !

De mystérieux monuments

Dans de nombreuses régions du monde, les populations construisent d'étranges monuments faits d'énormes pierres : les mégalithes. À Carnac par exemple, dans le Morbihan (en France), près de 3 000 blocs de pierre dressés, des menhirs, sont disposés en rang ou en cercle sur plus de 3 km. Les dolmens, composés d'une pierre plate reposant sur deux pierres dressées, étaient parfois recouverts de terre pour former des tombeaux. D'autres monuments appelés cromlechs sont constitués de pierres dressées disposées en cercle. Il semble qu'ils soient souvent orientés en fonction de la position du soleil levant au moment du solstice.

Le dolmen de La Roche-aux-Fées, en France.

La naissance de l'écriture

L'écriture est née vers 3500 av. J.-C. en Mésopotamie avec le développement du troc. Pour conserver les traces de leurs échanges, les hommes inscrivent des signes sur des tablettes d'argile humide qui durcissent ensuite au soleil. Ces signes qui figurent des animaux, des esclaves, des outils, sont des pictogrammes. Pour écrire plus vite, les dessins sont simplifiés.

TABLE DES MATIÈRES

MDS : 660247
ISBN : 978-2-215-08445-7
© Groupe FLEURUS, 2006
Conforme à la loi n°49-956 du 16 juillet 1949
sur les publications destinées à la jeunesse.
Dépôt légal à la date de parution.
Imprimé en Italie (05-13)

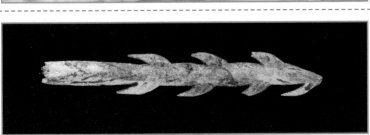

2,5 millions d'années

P A L É O L I T H I Q U E MÉSOLITHIQUE NÉOLITHIQUE ANTIQUITÉ

− 10000 − 8000 − 3000 0

L'aiguille à coudre est
inventée vers –17000.
Elle va permettre d'attacher
solidement les peaux ensemble
pour se confectionner
de vrais vêtements.

La conquête du feu est l'une des plus grandes
révolutions de la préhistoire. L'homme a utilisé
le feu sans doute bien avant de savoir le faire
naître. On pense que l'utilisation du feu s'est
généralisée entre – 500000 et – 400000 ans.

On sait que Cro-Magnon
se fabriquait des abris. Certains
pouvaient être faits à partir de défenses
de mammouths sur lesquelles
étaient tendues des peaux.

Les hommes préhistoriques utilisent
diverses techniques de chasse selon les
époques, les gibiers et les milieux
dans lesquels ils chassent.

Les plus anciennes traces de
constructions, retrouvées au Proche-
Orient, datent de –12500 à –10000.
Ces premières maisons étaient
semi-enterrées, rondes et faites
en argile et en pierre.

Cro-Magnon taille des outils et instruments
dans de l'os, de la corne ou encore
du bois de renne comme ce harpon.

La préhistoire se divise en différentes périodes définies par les techniques
des hommes préhistoriques : le paléolithique, époque de la pierre taillée,
le mésolithique, période intermédiaire et époque de la pierre moyenne,
et le néolithique, époque de la pierre polie.